GOSTO

DELA

LIVRE

GOSTO

DELA

LIVRE

ATTICUS

poemas

Tradução
Ana Guadalupe

1ª edição
Rio de Janeiro-RJ / Campinas-SP, 2018

VERUS
EDITORA

Editora
Raïssa Castro
Coordenadora editorial
Ana Paula Gomes
Copidesque e revisão
Ana Paula Gomes
Diagramação
André S. Tavares da Silva
Tânia Figueiredo
Projeto gráfico
Amy Trombat

Capa
Adaptação da original (© Simon & Schuster, 2017)
Foto da capa
Bryan Adam Castillo
Fotos do miolo
Bryan Adam Castillo Photography
Callum Gunn
Poppet Penn
Creative Commons Zero

Título original
Love Her Wild

ISBN: 978-85-7686-679-4

Copyright © Atticus Publishing, LLC, 2017
Todos os direitos reservados.
Edição publicada mediante acordo com Atria Books, uma divisão da Simon & Schuster, Inc.

Tradução © Verus Editora, 2018
Direitos reservados em língua portuguesa, no Brasil, por Verus Editora. Nenhuma parte desta obra pode ser reproduzida ou transmitida por qualquer forma e/ou quaisquer meios (eletrônico ou mecânico, incluindo fotocópia e gravação) ou arquivada em qualquer sistema ou banco de dados sem permissão escrita da editora.

Verus Editora Ltda.
Rua Benedicto Aristides Ribeiro, 41, Jd. Santa Genebra II, Campinas/SP, 13084-753
Fone/Fax: (19) 3249-0001 | www.veruseditora.com.br

CIP-BRASIL. CATALOGAÇÃO NA FONTE
SINDICATO NACIONAL DOS EDITORES DE LIVROS, RJ

A888g

Atticus
  Gosto dela livre / Atticus ; tradução Ana Guadalupe. - 1. ed. - Campinas, SP : Verus, 2018.
  il. ; 21 cm.

  Tradução de: Love Her Wild
  ISBN 978-85-7686-679-4

  1. Poesia americana. I. Guadalupe, Ana. II. Título.

18-47783 CDD: 811
CDU: 821.111(73)-1

Revisado conforme o novo acordo ortográfico

Seja um leitor preferencial Record.
Cadastre-se no site www.record.com.br e receba
informações sobre nossos lançamentos e nossas promoções.

Atendimento e venda direta ao leitor:
mdireto@record.com.br ou (21) 2585-2002

Para S.R.
Sem você por perto,
eu perderia
as palavras.

Um sonho, tudo um sonho, que vai dar em nada, e deixa quem sonhou onde estava, mas quero que saiba que você foi a inspiração.

— CHARLES DICKENS, *Um conto de duas cidades*

No amor não há nada
como a ingenuidade
de um menino
e uma menina
fazendo castelos
nas nuvens.

GOSTO

Quando pegou sua mão
ele lhe mostrou
tudo o que ela
esperava —
um arrepio
no pescoço.

GOSTO

Quando o assunto é amor
somos mamíferos com gravetos nas mãos
sempre mirando direto no coração.

| GOSTO

Amor
é mergulhar de cabeça
na confusão de outra pessoa
e descobrir
que tudo faz sentido.

| GOSTO

Vou deixar você entrar no meu coração
mas antes limpe os pés no capacho.

GOSTO|

Acho tão lindos
seus olhos brilhando
quando você fala
sobre as coisas que ama.

GOSTO

Deixamos nossas vidas
misturadas com os sonhos
como tintas coloridas
até não sabermos mais
qual é qual
e não faz mal.

| GOSTO

Quero ter ao meu lado
alguém que sonhe fazer tudo na vida
e nada
numa tarde de domingo nublada.

| GOSTO

MEUS
ÁTOMOS
AMAM
SEUS
ÁTOMOS,
É
QUÍMICA.

GOSTO

A grande beleza
do amor jovem
é a certeza
que a gente sente de que vai ser para sempre.

GOSTO

"É muito arriscado amar",
o menino disse.
"Não",
falou o velho,
"é muito arriscado não tentar."

| GOSTO

Eu prometo
viver uma vida
tão cheia de amor
que na última parte
não vou mais ter
medo da morte.

GOSTO

Amor é
se jogar no meio do mar bravo
à espera de braços que te salvem
na certeza de que sem o salto
só restaria a segurança
e a solidão do raso.

Leve uma menina à
luz da lua
com sinceridade na fala
e qualquer homem
um poeta se revela.

| GOSTO

O amor
poderia
ser
chamado
arsênico
e a gente
beberia
assim
mesmo.

GOSTO

Poesia
para mim
é tatear no escuro
à procura das
palavras certas
para descrever
a sensação
que tenho
quando ela dá um sorriso
enquanto está dormindo.

| GOSTO

EU SÓ PEÇO
VOCÊ
E
UM SOPRO
DE SOL.

GOSTO |

Quando olho para você
acho difícil crer
que o universo inteiro não tenha conspirado
para te trazer à vida.
Não consigo conceber motivo mais bonito
para que existisse tudo
do que você neste dia.

GOSTO

Não se preocupe —
acredite,
tem gente que acha você
incrível.

ATTICUS

GOSTO

"Se tivesse toda a riqueza do mundo,
eu seguiria meus sonhos,
brincaria com meus filhos
e ficaria com minha mulher."
"Não",
disse o velho.
"Se você seguisse seus sonhos,
brincasse com seus filhos
e ficasse com sua mulher,
teria toda a riqueza do mundo."

| GOSTO

Minha querida,
todas essas lágrimas,
esse sofrimento,
essa dor no peito,
não tente mais evitar,
é um talento, sabia, sentir tanto
e mesmo que seja difícil
é sinal de que você está viva
em cada um desses suspiros sentidos
sua alma desperta,
mais viva na dor
do que era na dormência,
agora você vai voltando para mim, amor,
lúcida nessa escuridão —
então chore alto,
grite
e caia,
e eu estarei aqui esperando
para te pegar nos braços
quando o despertar chegar ao fim.

Levei muito tempo para aceitar
que sou mais feliz
não nas festas
ou nos restaurantes
ou nos shows
mas em casa com você
e só nossos livros
nossos filmes
e nosso chá.
Aonde quer que a gente vá
para já ou para sempre
vamos levar conosco essa felicidade
porque agora a casa vive
dentro da gente
seja lá
aonde juntos
a gente vá.

GOSTO |

O amor de verdade vem
quando você confunde
onde você acaba
e o outro começa
e os átomos
das duas almas
esquecem para onde vão
e devagar vocês viram
partes um do outro
agora muito perto
para separar.

| GOSTO

Filha minha —
por cada sorriso,
por cada lágrima,
pelo joelho ralado
e pelo coração partido,
pelo amor que você traz
e pelo amor que encontra.
Por tudo que você se torna
ou não,
é tarde demais,
já amo você,
muito antes
de te conhecer.

GOSTO

Olhei para a minha mãe
e dei risada —
ela consegue
existir tão contente
naquele momento
entre uma e outra
taça de vinho.

| GOSTO

*Preste atenção
na mágica que acontece
quando você oferece a alguém
conforto suficiente
para ser só o que é.*

GOSTO |

O sol promete brilhar?
Não, mas vai —
mesmo por trás das nuvens mais pesadas,
e promessa nenhuma
pode garantir mais tempo ou mais brilho
pois é seu destino
arder até não poder mais.
Amar você não é minha promessa,
é meu destino —
arder por você
até eu não poder mais.

GOSTO

Quando sentei e olhei para ela
e para a montanha em que se apoiava
pensei que tirei a sorte grande
porque o mundo criou
coisas assim tão belas
e me deu olhos para vê-las.

GOSTO|

Nem tudo faz sentido nas palavras,
não era assim que eu amava,
era quando ela me fazia cafuné
pensando que eu já tinha dormido
que eu sabia o que ela sentia.

| GOSTO

Eu vou te acompanhar,
meu amor,
até a borda dos nossos dias,
até o fim de todos os nossos
amanhãs.

| GOSTO

*Quando te vi no início, foi
um esforço não te dar um beijo.
Quando te vi sorrindo, foi
um esforço não dizer que te amo.
E quando enfim vi sua alma, me ganhou sem nenhum esforço.*

GOSTO |

Afogamos as vozes do nosso coração
que diziam que o amor perdera a direção,
finalmente esta noite
aquela música tocou mais alto
que o fato que batia por baixo da roupa,
e enquanto cada estrela se misturava à manhã
demos risada das histórias passadas
e deixamos nosso amor amarrado no ar
antes de cada um embarcar
sozinho para o seu amanhã.

Você e eu
seremos
achados e perdidos
mil e uma vezes
ao longo dessa
nossa rua
de paralelepípedos.

GOSTO

E o menino contou à menina
que a amaria para sempre —
e ela sorriu e disse:
"mas um dia nós dois vamos morrer" —
"pode até ser",
disse o menino —
"mas assim mesmo
eu quero tentar."

| GOSTO

É UMA
MISSÃO
SOLITÁRIA
PROTEGER
UM CORAÇÃO
QUEBRÁVEL.

Não é o medo de perder a pessoa
que nos assusta,
é que já demos a ela
tantos dos nossos pedaços
que tememos a perda
de nós mesmos
se ela for embora.

*Éramos estranhos no amor
nós dois
loucos demais para durar,
raros demais para morrer.*

GOSTO |

Não se apaixone por mim
vou deixar seu coração partido
bem antes que você perceba
que ia partir o meu.

| GOSTO

Deixei que ela partisse
por saber que ela merecia mais
e agora que ela se foi
eu me pergunto
se eu não poderia
só ter sido mais.

O amor
é mágica enigmática,
a morte
só o deixa mais forte,
mas o beijo mais fraco
dado do lado errado
pode levá-lo embora.

GOSTO

A gente quer tanto
que o amor dê certo
mas o fato
é que enfrentamos correntes
do nosso coração
que vão fluindo
na outra direção.

| GOSTO

PALAVRAS
PODEM
CORTAR
O CORAÇÃO
MAS
ESPADAS
NÃO.

GOSTO

Obsessão não é amor,
paixão não é amor,
se alguém te ignora
ou trata mal, de qualquer jeito
ou com indiferença,
isso não é amor —
isso é ausência de amor
por você, por tentar preencher
as partes que faltam com o outro
mas quando alguém se completa
e você se completa
e age com gentileza, bondade e vulnerabilidade
através da força,
o amor se torna uma troca
com outra pessoa —
e essa é
sua forma mais plena.

GOSTO

Mesmo quem a gente mais ama
pode ser veneno para a nossa alma.

| GOSTO

Quebre meu coração ao meio
e vai encontrar você no recheio.

GOSTO

Neste mundo maluco
não há criatura mais desesperada
do que um ser humano
prestes a perder o que ama.

| GOSTO

Me fala,
ela disse,
da nossa casa
nossos filhos
nosso quintal
das vidas que a gente vai ter —
mas ele nunca foi capaz
e só quando ela já tinha partido
ele soube
que ela nunca precisou da casa
ela só precisava do sonho.

GOSTO

Que coisa inacreditável
terminar tudo,
sussurrar promessas
para nós mesmos
da existência de outras praias
depois fechar os olhos
e se jogar no oceano.

GOSTO

ABANDONAMOS
NOSSO AMOR
EM CINZAS
EM VEZ
DA BELA CHAMA
QUE
UM DIA
BRILHOU.

| GOSTO

Um novo amor é a melhor cura
para o velho amor que se deu mal.

GOSTO

Eu só quero ser
um homem velho
com uma velha esposa
rindo de velhas piadas
de uma juventude desvairada.

| GOSTO

Eu vi de perto
suas noites mais escuras
e seus dias mais claros
e quero que saiba
que estarei aqui
para sempre
te amando
na penumbra.

| GOSTO

Vem, meu bem,
nunca é tarde demais
para começar
nosso amor de novo.

DELA

"Não acredito em mágica",
o menininho disse,
e o velho deu risada:
"Mas vai acreditar quando conhecê-la".

| DELA

ELA VIVIA EM MIM
COMO OS PRIMEIROS DIAS
DO VERÃO:
MORNA
E NOVA
E
INFINITAMENTE
POSSÍVEL.

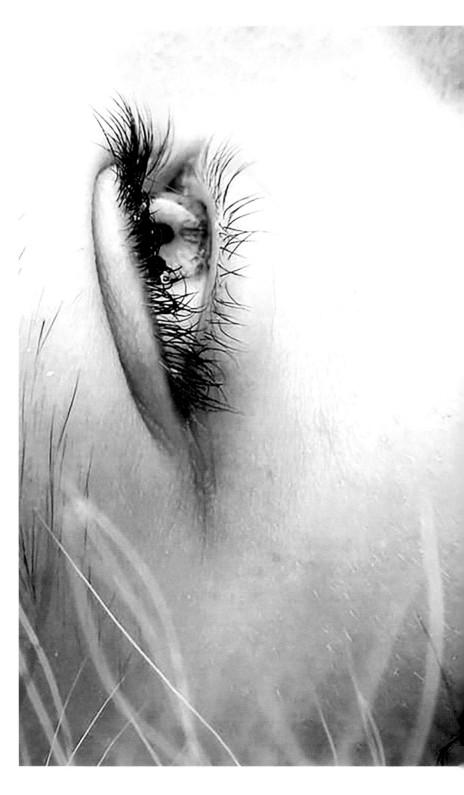

| DELA

Desde
o momento
em que a vi
eu soube
que essa faria
valer a pena
o
coração
em pedaços.

DELA

Peguei sua mão
e meu coração acelerou
quando seu calor me atingiu.
Eu tinha feito mil vezes essa trilha,
mas não com ela.
Seus olhos eram tudo que o amor jovem faz
e me enchiam de luz
a cada olhar.
Deitamos em céus cadentes
e estrelas sardentas, e
prometemos que o amor seria para sempre —
e no nosso para sempre
de fato seria
lá num castelo no alto de Blueberry Hill,
com rios cheios de luar
e navios em alto-mar.

| DELA

Toda menina,
se você deixá-la sozinha
tempo suficiente,
a qualquer instante
vai começar
a cantar
e dançar.

DELA

Ela era bonita de um jeito incandescente
e a beleza era a menor de suas qualidades.

DELA

Ela vestia só
o brilho do luar,
eu vestia só
meu jeito de sorrir.

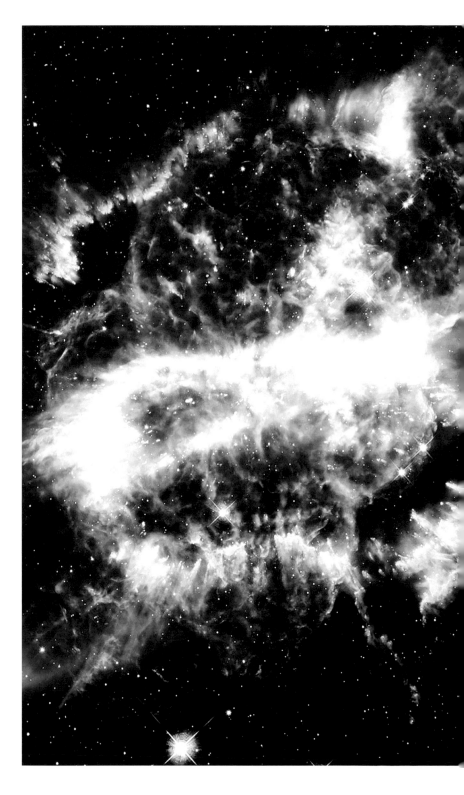

| DELA

E as estrelas piscavam para ela
observando tão atentas
com ciúme de sua luz.

DELA

Ela foi amor à primeira vista para o cego da caverna escura.

| DELA

Depois de umas doses ela ganhava o mundo —
o copo de whisky era a arma de fogo.

DELA |

Ela queria ser socialite
e ficava mesmo linda num iate
mas eu queria uma menina
que ficasse linda ao lado da fogueira
com sardas feitas de faíscas
para sujar
o céu de cinzas.

DELA |

SORVI
A LUZ DA LUA
DE SEUS LÁBIOS
E FUI CAMBALEANDO
PARA CASA BÊBADO
COM
O
GOSTO
DELA.

ATTICUS

| DELA

A tempestade ia chegando
mas não foi isso que ela sentiu.
Era só aventura no vento
e pelo corpo correu um arrepio.

Ela seguia
pela vida
cansada
das
grandes asas
que levava nas costas.

DELA

Ela flertava com a vida
e a vida flertava de volta,
como se o universo
ficasse mais vivo
em sua presença
e tudo sentisse seu brilho.
Era
no orvalho
nas estrelas
e nas cores lá de cima —
tudo cintilava
com intensidade
na intenção
de atrair seu olhar.

| DELA

Havia toda uma maravilhosa grandeza
lampejando luminosa por trás de sua timidez.

DELA

Nunca foi sobre sua aparência
sempre foi sobre como agia.
Por ela eu teria me apaixonado
mesmo de olhos fechados.

| DELA

Eu enfrentei
meus olhos para ficar acordado
nenhum sonho era mais bonito
do que ela dormindo.

*Ela tinha medo de altura
mas tinha
muito mais medo
de nunca levantar voo.*

DELA

Eu prometi
que a beijaria
um milhão de vezes
antes de morrer,
cinquenta por dia
pelo resto da vida —
quando eu partisse
ela poderia sorrir
sabendo
que eu não tinha deixado
nenhum lugar de lado.

| DELA

Todas as luzes
todas as árvores
todas as horas
tudo girava no céu escuro
como se
o mundo inteiro
fosse feito
só para ela —
dormindo no sofá
numa manhã de sol.

| DELA

Ela era uma coisa louca que eu amava.
Minha escuridão em meio às estrelas.

DELA

ELA ARRANCAVA POESIA
DA MINHA PELE,
NAS BRIGAS,
NO AMOR
E NO SEXO.

DELA

Ela não queria amor,
ela queria ser amada —
são coisas
completamente distintas.

DELA

Ela era a coisa
mais complicada
e linda
que eu já tinha visto —
uma confusão emaranhada
de fios de seda —
e tudo que eu queria da vida
era sentar
no chão
de pernas cruzadas
e desfazer
seus
nós.

| DELA

Neste mundo fragmentado
ela era completa
tão totalmente à minha frente
o único presente honesto
da minha vida
pingando ali
na chuva.

DELA|

Escovar o cabelo de uma menina
para trás das orelhas
uma vez por dia
resolve mais problemas
que todos aqueles
terapeutas
e drogas.

| DELA

O mundo é feito de
meninas demais
se perguntando
se são bonitas
e meninos demais
muito tímidos para dizer sim.

Eu a amava ainda mais
por causa das coisas que ela odiava
em si mesma,
porque era isso que
a tornava única,
e era a única
que eu amava.

DELA

Ela era só mais uma boneca quebrada
à espera de um menino que tivesse cola.

| DELA

Ela ficou na casa perfeita,
ao lado do marido perfeito,
ansiosa para que a vida perfeita
acabasse.

DELA

Nela eles viam
uma bela estrela que brilhava
e se banhavam no calor de sua chama,
mas por baixo do brilho
ela ardia
abafada
no buraco de uma vida
que ela nunca quis.

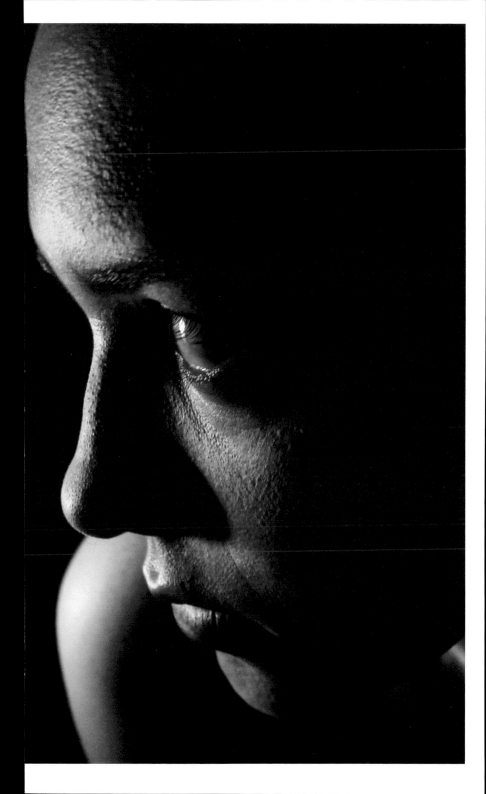

DELA

*E daí que ela caía aos pedaços,
ela sempre levantava de novo.*

| DELA

Ela batia no céu dele
com as asas reprimidas,
e só depois
que ele partiu
ela alcançou
quem sempre tinha sido.

| DELA

ELA SE ENCONTRAVA
NUMA LONGA
E TRAIÇOEIRA ESTRADA
E, QUANTO MAIS
TRAIÇOEIRA
A ESTRADA FICAVA,
MAIS DE
SI MESMA
ELA ENCONTRAVA.

DELA

Sua alma residia
nas partes livres de razão
de seu coração
e vibrava
com a música
que lá tocava.

| DELA

Ela às vezes falava sozinha
quando achava que eu não ouvia
sobre o que ela sentia
ou o que pensava
e eu só escutava
e me encantava
mais uma vez
de dentro para fora.

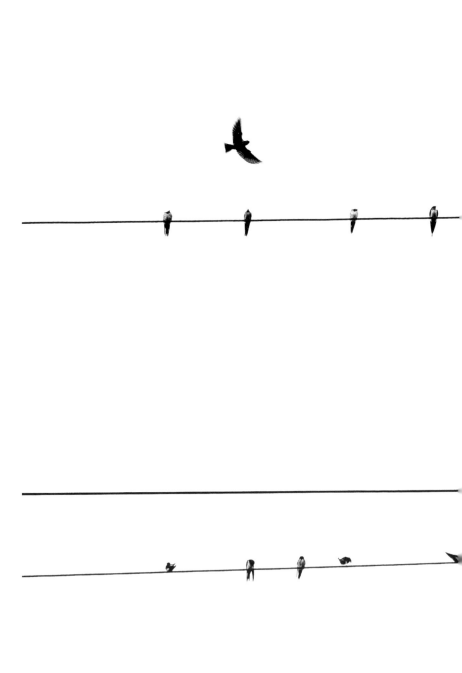

Não peça que ela seja pedra
para você buscar apoio
pelo contrário, construa asas
e aponte para o alto
e ela vai ensinar a ambos sobre o voo.

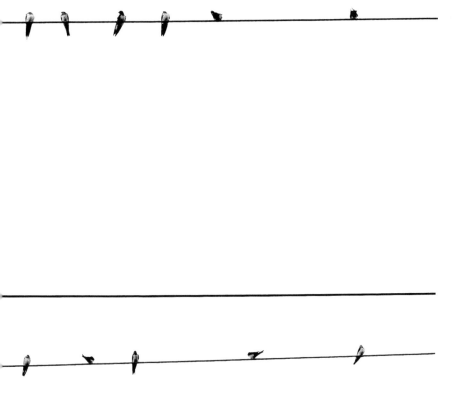

DELA

*Os anjos precisam de calor para voar —
por isso mesmo ela dormia
de meias.*

| DELA

Para mim
ela é
os passos antes do fim
a virada na última curva
e uma linda casa
com a luz acesa
e lenha na fogueira
de uma risada fácil
flutuando na beira da brisa —
ela é
para sempre
chegar em casa.

DELA

Eu sempre ficava olhando
enquanto o mundo
se apaixonava por ela
e ria porque era inevitável.
E não eram só os meninos
as meninas a amavam mais ainda
e a puxavam pela mão
e saíam correndo
para beber sob as estrelas —
queriam ter certeza
do que eu já sabia —
que ela beijava
melhor que
champanhe.

DELA|

Ela era incrível —
o mundo inteiro
girava
num jazz bem suave
à sua volta.

| DELA

Seu coração era livre
mas eu não queria uma conquista
eu queria
correr na mesma pista
para libertar o meu.

DELA

Não há nada
mais lindo
neste mundo muito louco
do que uma menina
que (se) ama
com todo o fôlego.

| DELA

Ela perdia tempo com desejos
às estrelas cadentes
e não via os sonhos
que se realizavam ao seu redor.

DELA

*Ela tinha descido ao inferno
e embora ninguém visse seus demônios
todos viam o rosto
de quem tinha vencido.*

DELA

Ela não esperava um cavaleiro —
ela esperava uma espada.

| DELA

Esta era sua magia —
ela conseguia seguir
o sol
mesmo no mais
nublado dos dias.

DELA

VIVO

MINHA VIDA

TÃO

LEVE

NESSA

LOUCURA

POR

ELA.

DELA

Sinto
que mulheres
que bebem
whisky
contam
boas
histórias.

| DELA

Um céu cheio de estrelas
e era ela quem ele encarava.

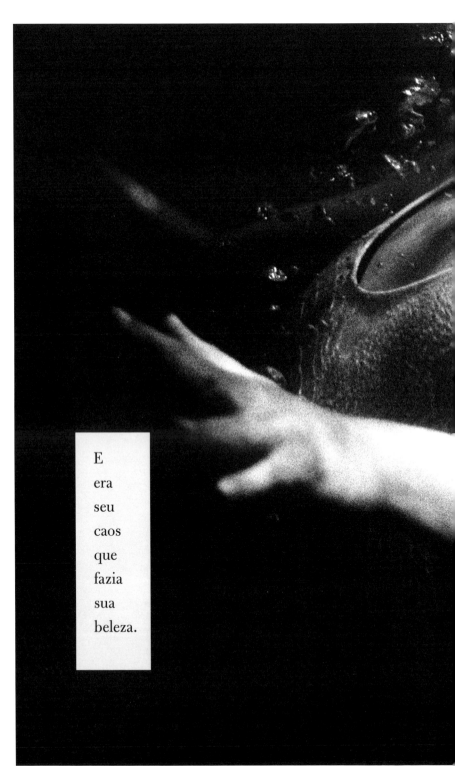

E
era
seu
caos
que
fazia
sua
beleza.

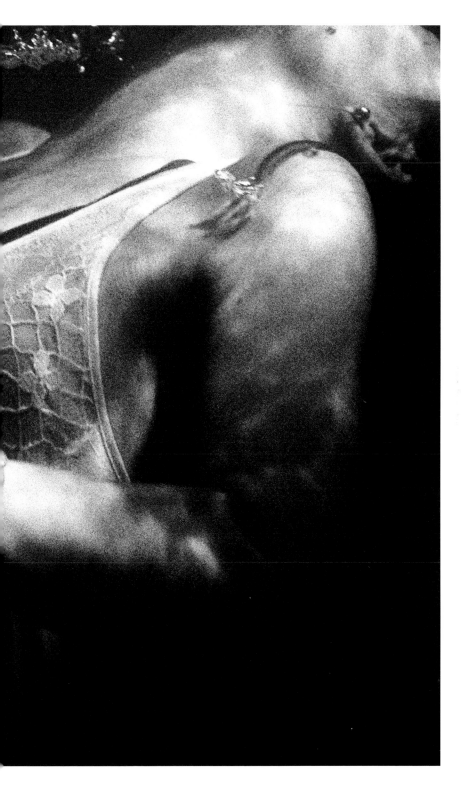

| LIVRE

Corre atrás do cometa, bobo, a vida é curta.

LIVRE

Prefiro
ter o corpo cheio de cicatrizes
e a cabeça cheia de histórias
a ter uma vida
de arrependimentos
e a pele intacta.

| L I V R E

A juventude me invadiu como uma tempestade.
Fiquei indefeso diante das substâncias
que rugiam no meu cérebro.

LIVRE |

Nossos poemas
eram bilhetes
deixados
para nossa
confusa
versão mais
nova.

LIVRE

Fiquem com o ruído da cidade,
me deixem só com a lua,
algum vinho e velhos amigos
dando risada no deserto,
e eu mostro
o que os
pagãos
diziam divino.

| LIVRE

De vez em quando
quero uma vida quieta
mas às vezes
quero imitar
a porra
do Gatsby.

UM CINZEIRO

COM UMA BOA HISTÓRIA

MUDA PARA MELHOR O GOSTO DA FUMAÇA.

| LIVRE

Tantos de nós
têm fome de vida
e não fazem ideia
até o fim
quando pensam no passado
e veem o
banquete intocado.

LIVRE

A imagem que o mundo faz de você
só existe através das memórias.
Vá lá e crie novas.

|LIVRE

Drogas
para mim
sempre foram
uma menina bonita
com um sorriso safado
me chamando
com o dedo
para o lado errado
da encruzilhada.

LIVRE

Fiquei bêbado
com a sua
risada
e a
luz da lua
e o
rum.

LIVRE

Uma boa musa
traz mar manso
de manhã
e tempestade
à noite
para que você não morra na praia.

| LIVRE

*Nós somos astrólogos
de corpos e ideias
à procura de certezas
nos astros um do outro.*

| LIVRE

Tem palavras lindas
nesse papel em branco
que você leva na mão,
use a mágica
que rodopia em sua mente
para pintar tudo o que vê.

LIVRE

ENCONTRE ALGO
QUE TE
FAÇA
ESQUECER DE COMER
DE DORMIR
DE BEBER
E CONTINUE
ATÉ MORRER
DE SEDE.

LIVRE |

Vá em frente e conquiste
porque o mundo é pequeno
e você é um gigante
e cada passo
que você der
vai fazer o chão tremer
ao subir
para te alcançar.

| LIVRE

Para ele
o horizonte era só uma curva de nada
sumindo depois da última árvore,
implorando para virar linha reta
numa aventura improvisada.

Nós
nunca
estamos
sozinhos
somos
lobos
que uivam
para a
mesma lua.

LIVRE

ELA NÃO ESTAVA
ENTEDIADA,
SÓ INQUIETA
ENTRE UMA AVENTURA
E OUTRA.

| LIVRE

Parecia que à noite as árvores respiravam melhor.
Havia um frescor no ar
como se o mundo renascesse.
O vapor saía da máquina
e subia dançando
misturado ao meu hálito.
Eu dirigia rumo ao escuro,
folhas fugindo das rodas,
com medo desse bicho estranho de um olho só.
Eu sempre quis me lembrar dessas horas,
sozinho na estrada,
o cheiro da lenha queimando sei lá onde
e da grama coberta com o novo orvalho.
Eu corria à toda
dentro da noite misteriosa,
vento na cara,
olhos gritando lágrimas,
manchando o céu com diamantes,
e o meu motor,
em sua música,
se tornava o meu silêncio,
faca apontada para o mundo dormente
na minha estrada confusa contente.

| L I V R E

O passo mais duro
que todos devemos dar
é confiar cegamente
em quem podemos ser.

LIVRE |

Nós humanos
somos tão atormentados
porque não sabemos adivinhar
o que vai nos realizar.

| LIVRE

*Que
mundo
estranho.
Nós,
trocamos os dias
por coisas.*

LIVRE

Sempre gostei de boxe.
Nada se compara
a um soco na cara
para fazer você lembrar
que não quer morrer.

| LIVRE

Toda palavra que ele escrevia se erguia num poderoso
protesto a este mundo organizado.

ATTICUS

| L I V R E

A magia da poesia
é que só pode ser encontrada quando há urgência.

LIVRE

A arte leva tempo —
Monet cuidou das flores
antes de pintá-las em cores.

| LIVRE

Ela tornou mansos os mares bravios da minha alma.

LIVRE

Nova York
é a cidade mais silenciosa
que eu conheço,
só no meio
de um milhão de corações acelerados
você ainda pode ouvir
o cigarro queimando
numa sacada
do Brooklyn.

LIVRE |

Escondido acima de duas escadas
uma cama, uma mesa e uma estante,
o paraíso do escritor
a chuva caía e emprestava
sua cadência ao meu pensamento
o velho radiador bombeava ar quente
e obrigava a janela a ficar aberta só um teco
e a cada noite era ali que eu caía no sono
numa melodia entre quente e frio —
agasalhado por todos os meus fantasmas.

| LIVRE

*Um dia vou pintar o pôr do sol perfeito —
só me faltam as palavras certas.*

LIVRE |

Às vezes penso
nas grandes histórias perdidas
nos porões do passado,
nas enchentes
e nos incêndios,
a tristeza me invade
até
que também penso
em todas as histórias
ainda inéditas,
nas mentes jovens,
nas novas canetas
e nas folhas
ainda brancas.

| LIVRE

A poesia é a guerra de uma vida inteira
contra a beleza indescritível.

LIVRE

MENINOS
ENTENDEM MUITO TARDE
QUE SER
"O CARA"
NÃO É A MESMA COISA
QUE SER
HOMEM.

LIVRE |

Todos nascemos livres
e passamos a eternidade
virando escravos
das nossas próprias
inverdades.

Me pergunto se há algo de errado com a nossa geração, são muitos olhos chorosos em rostos sorridentes.

LIVRE

A solidão
é uma chama
que deixo chegar perto da pele,
só para ver quanta dor
consigo suportar
antes de correr
para a água.

| L I V R E

Ter depressão é ser daltônico e ouvir o tempo todo que o mundo é colorido.

LIVRE |

Não desista agora,
eu poderia apostar
que seu melhor beijo
seu maior riso
e seu dia mais feliz
ainda estão por vir.

LIVRE

Até o lobo mais corajoso vai à caça de cabeça baixa.

| L I V R E

Somos feitos de todos aqueles que nos ergueram e nos estragaram.

POETAS

E

MOTOCICLETAS

NÃO COMBINAM:

NÃO COMPENSA

CORRER NA PISTA

QUANDO

VOCÊ JÁ CONSUMIU

SENTIMENTOS

DEMAIS.

LIVRE |

A arte de verdade
só vem
depois de um voo
com a insanidade
tão longo
que você queima
os cílios.

| LIVRE

Uns escrevem por prazer
outros escrevem
porque se não o fizessem
a palavra
se reproduziria
e apodreceria
e explodiria das bordas
da alma.
Algumas palavras
só são seguras
no papel.

LIVRE

Todos nós usamos máscaras,
umas têm maquiagem
outras risadas
algumas têm mulheres e maridos
coisas e carros
nos escondemos do mundo
e de nós mesmos
nos escondemos daquelas verdades
que moram atrás dos olhos
sempre corremos da realidade
mas em alguma parte
onde a verdade encontra a coragem
esperamos que nos descubram

LIVRE

esperamos a hora de encarar o mundo
sem máscara
e dizer em alto e bom som
este sou eu
esta é a minha verdade
aqui está tudo de mais sincero sobre mim
e quando chegar o dia
se for verdade
vamos começar nossa vida de novo
do jeito que devia ter sido
quando o mundo viu pela primeira
vez nosso rosto.

LIVRE|

Deixe que a minha morte seja uma bela e verdadeira vida.

| LIVRE

Não tenha medo,
o pai dela disse,
às vezes
as coisas assustadoras
também são belas
e quanto mais beleza
você vê nelas
menos assustadoras
elas ficam.

Toda vida é uma rebelião contra a morte
e toda rebelião é controlada cedo ou tarde.
A pergunta é:
naqueles momentos
com uma pedra na mão
e gás lacrimogêneo nos olhos
você consegue sorrir para o destino
ficar em pé
e
fazer o seu grito ser ouvido?

LIVRE

Tem uma ilha que eu conheço
e devia guardar segredo —
é um conto de fadas, sabe
em que ninguém usa sapato
e ninguém quer nem saber —
são tipo casas de hobbit
com grama no telhado
e a comida vem fresca do sítio lá perto
todo dia de manhã o chá já vai fervendo
em grandes mesas de madeira
com torrada e geleia de frutas de lá —
os grilos ali sempre fazem cri-cri
e os passarinhos cantam de um jeito
que faz você parar e dizer:
"Essa música é bonita mesmo" —
o sol é quente
sem nenhuma nuvem no céu
e a praia se estende ao léu
numa areia alva e macia

| LIVRE

então quando à tarde a maré desce
também aquece, como um banho morno,
quando chove
você monta quebra-cabeças, e pinta, e lê
e acende uma fogueira que estala
e tem cheiro de sauna feita de cedro
e toda noite, faça chuva ou faça sol,
você bebe vinho
e escuta discos
e ganha no jogo —
e às vezes
você deita na grama
e alcança lá no céu cada estrela
a cabeça encostada em quem você ama —
todo dia a mesma coisa
você faz o que traz calma —
e a parte mais maluca da história
é que a ilha é verdadeira
meus pés estão na areia.

LIVRE

Despertei
do sonho lúcido
dos meus vinte anos
suando frio,
impaciente diante
de todas as vidas
que não tinha vivido.

LIVRE

*Prometa para mim
que você não vai morrer
sem antes nadar nua
à luz da lua
numa noite de verão.*

| LIVRE

Deixamos pelo caminho nossos unicórnios —
as pessoas certas na hora errada —
mas eles nunca vão embora,
sempre estarão por perto,
perambulando
pelos verdes campos da nossa alma.

Na vida
meu plano é seguir
até todo mundo sair,
até a banda parar de tocar,
até a limpeza do lugar começar,
e só sobrar eu e um amigo das antigas
desafiando um ao outro a roubar coisas.

LIVRE |

NOSSAS
MELODIAS
DURAM
MAIS
QUE
NOSSOS
IMPÉRIOS.

| LIVRE

Espero comparecer à minha morte
atrasado,
apaixonado
e um tiquinho bêbado.

Mas e a borboleta,
aquela que amo caçar?
O velho deu risada.
Ame-a
ele disse
mas deixe-a livre.
E a árvore antiga em que amo subir?
Ame-a, ele disse, mas deixe-a livre.
O pássaro que canta a canção que amo?
Ame-a, ele disse, mas deixe-a livre.
E o lobo que chora para a lua num uivo?
Ame-a, ele disse, mas deixe-a livre.
E o cavalo que ama correr na tempestade?
Ame-a, ele disse, mas deixe-a livre.
Mas e *ela*,
aquela que amo mais?
E o velho deu risada.
Sim, ele disse,
deve amá-la também
mas ame-a livre
e ela vai amar você.

ATTICUS

AGRADECIMENTOS

Agradeço a:
Penni Thow
Sarah Cantin
Andrea Barzvi
Dave Lingwood
Karlie Kloss
Shay Mitchel
Kaitlyn Bristowe
Spencer Roehre
Joey Parris
Andrew Lutfala
Monarch Publishing
Lindsay O'Connell
Callum Gunn
Ben Nemtin
Jonathan Penn
Jessica Severn
Marissa Daues
Bryan Adam Castillo
A cidade de Paris
A cidade de Oxford
Mãe, pai, irmãos e irmãs.

Todos da Atria Books e da Simon & Schuster:
Emma Van Deun
Albert Tang
Amy Trombat
Lisa Sciambra
Jackie Jou
Suzanne Donahue
Lisa Keim
Judith Curr

Devo muito a diversos escritores que vieram antes de mim. O poema da página 53, em especial, é inspirado em uma das minhas citações favoritas de Hunter S. Thompson: "Um protótipo de Deus: esquisito demais para estar vivo, raro demais para estar morto". Sempre adorei a ideia de ser "raro demais para estar morto" — é um tema recorrente no meu trabalho — e, nesse poema, tentei reinventar o significado original de Thompson.

Obrigado,
xx
Atticus